AF466870

DISCOURS

DE

M. DE LAMARTINE.

Paris. — Imprimerie SCHNEIDER et LANGRAND,
rue d'Erfurth, 1.

DISCOURS

DE

M. DE LAMARTINE,

PRONONCÉ

ANQUET DONNÉ A MACON

Le 7 juin 1843.

PARIS,

PAGNERRE, ÉDITEUR,

RUE DE SEINE, 14 BIS.

1843

MESSIEURS,

Si j'éprouve une inexprimable jouissance en contemplant l'imposante réunion de tant de citoyens, et en répondant aux paroles que votre digne et bienveillant président vient de m'adresser en votre nom ; cette jouissance, soyez-en sûrs, touche moins en moi l'homme que le citoyen. Il serait bien petit, laissez-moi vous le dire, l'homme public qui, accueilli ainsi par le pays qui l'a vu naître, ne verrait dans tout cela que soi-même, et n'emporterait de ce jour, de cette foule, de ces acclamations bienveillantes, qu'une misérable satisfaction d'amour-propre, au lieu d'y voir une grande et sérieuse manifestation d'esprit public !

Et cette manière de considérer cette fête, messieurs, en même temps qu'elle est la plus vraie, la plus digne de vous, est en même temps la plus propre à honorer celui que vous voulez récompenser et raffermir. Car, si ces démonstrations n'avaient que moi pour objet, l'impression en serait aussi bornée et aussi fugitive que moi-même ; et ces tentes ne seraient pas enlevées, ces guirlandes de feuillage ne seraient pas séchees, que le souvenir de cette heure brillante de ma vie serait evanoui comme ces décorations qu'on ecarte ; au lieu qu'en disparaissant moi-même comme je le dois, en ne voyant là qu'un acte politique, vous elevez, pour ainsi dire, le nom d'un simple citoyen à la hauteur d'un principe! (De toutes parts : Oui, oui, oui, c'est cela !)

Et vous le rendez ainsi, ce nom, aussi imposant que cette foule et que cet acte politique auquel vous daignez l'associer !

Sortons donc tout de suite des banalites de sensibilite et de reconnaissance, et parlons un instant de choses sérieuses, même au milieu de ces appareils de fête. Tout est sérieux de ce qui touche au peuple. Et qu importent la tribune et la place? N'est-ce pas dans des banquets aussi que les anciens traitaient des plus graves sujets de la philosophie et des plus grands intérêts de la république? (Très-bien ! très-bien !)

Et d'abord, ne dois-je pas me demander à moi-même pourquoi cette foule, pourquoi cette innombrable réunion de citoyens de tous les états, de toutes les professions, de tous les habits, parmi lesquels je ne vois manquer que quelques anciens et honorables amis attachés au gouvernement par leurs fonctions, et dont je respecte l'absence, tout en m'en affligeant, mais qui, certes, n'auraient rien entendu, ici, d'indigne d'eux et de vous? Oui, je me demande pourquoi tous ces hommes ici rassemblés, depuis le propriétaire jusqu'à l'ouvrier, depuis l'homme qui vit du travail des mains jusqu'à celui qui vit du travail de l'intelligence, mettent-ils leurs intérêts avec confiance, sans ombrage, sans haine, sans envie les uns des autres, entre mes mains? Ah! osons l'avouer, messieurs, c'est que rien, heureusement, ne s'interpose plus entre nous; c'est que rien ne nous empêche plus de composer une seule et même famille nationale! c'est que la révolution de 89 a enlevé toutes les barrières qui nous séparaient en trois ou quatre peuples dans une même patrie, et que, aujourd'hui, l'égalité des droits entre tous a produit enfin ce qu'elle devait produire : l'uniformité de patriotisme et la fusion de tous les intérêts en un intérêt commun. (Assentiment.)

Mais elle a produit plus, messieurs, elle a produit déjà aussi entre nous la communauté de croyances et d'idées politiques. Oui, il est évident, pour qui réfléchit, qu'au milieu de ces diversités apparentes, de ces nuances plus ou moins colorées d'opinions contraires à la surface, il y a déjà au fond une même pensée, une foi politique commune entre nous ; et que cette foi politique, il ne s'agit plus que de la dégager de quelques préjugés qui l'obscurcissent encore, pour la faire briller d'un irrésistible éclat au-dessus de toutes les intelligences, et rallier tous les esprits à un dogme unanime et tout-puissant !

Que nous pensions de même au fond sur la plupart des grandes questions qui ont agité le siècle et qui l'agitent encore, je n'en voudrais d'autres preuves que la réponse que chacun de nous se fait à lui-même quand il s'interroge sans esprit de parti sur les matières du gouvernement. En voulez-vous la preuve? je vais la tenter sur vous-mêmes. A qui que ce soit que je m'adresse ici, riche ou pauvre, à droite, à gauche, au milieu, je suis persuadé que j'obtiendrai les mêmes réponses si j'interroge au hasard ceux qui ont le moins du monde réfléchi sur l'esprit des institutions et sur les règles d'un bon gouvernement pour leur pays.

Etes-vous convaincus, par exemple, que l'égalité de droits entre les classes sociales vaut mieux que l'inégalité et les priviléges de castes, pour la dignité morale des individus, comme pour la force de la nation? Tous, sans exception, vous me répondrez : Oui ! (Oui, oui, oui !)

Êtes-vous convaincus que la liberté, bien réglée par les lois librement consenties qui obligent tout le monde sans humilier personne, vaut mieux pour la moralité du peuple que la subordination passive aux ordres d'un despotisme quelconque? Tous encore vous me répondrez : Oui. (Oui, oui!)

Je vais plus loin. Êtes-vous convaincus déjà, et il y a peu d'années vous ne l'étiez pas encore; êtes-vous convaincus que le principe chrétien de la fraternité entre les hommes doit devenir tôt ou tard le principe de la fraternité entre les peuples? que le règne de la force brutale, de la conquête est passé; qu'il faut releguer la gloire elle même, quand elle n'est pas fondée sur la défense des intérêts nationaux, au rang des préjugés sublimes qui ont plus ébloui le monde qu'ils ne l'ont servi, et que par conséquent la paix, l'harmonie entre les nations, la paix, qui est à la fois le travail, la liberté, le bonheur du peuple, doit être le premier but de tout bon gouvernement? Vous dites : Oui, du fond de l'âme, et vous n'y mettez d'autre réserve que cette dignité du pays, plus chère à la France que les dernières gouttes de son sang! (Oui, oui!)

Allons plus loin encore. Êtes-vous convaincus que les gouvernements ne tombent pas du ciel tout faits? qu'on ne les reçoit pas de tous les hasards et sans titres? Êtes-vous convaincus que les gouvernements ne sont en réalité que des instruments, dans les mains de la nation, au service des idées ou des intérêts que chaque nation et chaque époque a pour mission de faire triompher dans le monde? que si cet instrument fonctionne bien, il faut le conserver; que s'il fonctionne mal, il faut le redresser; et qu'enfin s'il se tourne contre les idées et contre le peuple, il faut.....? Mais ne prononçons pas le mot terrible de révolutions! Rien ne les justifie que d'inexorables nécessites! Éloignons-les même de notre pensée... Dieu et notre sagesse les écarteront à jamais de nous! (Bravos et assentiments prolongés.)

Vous dites mille fois : Oui! à toutes ces doctrines. Je vous interrogerais sur mille autres points de ces idées communes à tout ce qui pense ici, que nous trouverions le même assentiment sur une foule de vérités sociales ou politiques sur lesquelles nous serions d'accord. Il y a donc une croyance commune, une foi nationale; et ceux qui parlent tant de notre prétendu septicisme ne révèlent, au fond, que leur propre indifférence et leur incrédulité intéressée.

Eh bien, quand un peuple en est là, il est mûr pour la liberte! Il est sauvé!... Il n'a plus besoin de tuteurs ni de maîtres; il n'a plus besoin que de guides honnêtes et intelligents; il n'a plus besoin que de raison et d'institutions.

Et quand un peuple en est là aussi, il n'y a pour l'ordre et pour la paix aucun danger à le réunir, à l'interroger, à l'entretenir de ses affaires, de son gouvernement même ; et ceci répond d'avance aux appréhensions, aux insinuations de ceux qui redoutent des réunions comme celle-ci, qui craignent qu'elles ne se changent en réunions séditieuses, qui disent qu'on ne peut rassembler autour d'une table paisible un certain nombre de citoyens choisis dans toutes les classes honorables de la population que pour flatter de mauvaises passions, que pour les enflammer contre leur administration, que pour les enivrer de basse flatterie, et pour leur mendier une popularité aussi honteuse que les moyens à l'aide desquels on l'aurait captée. (Bravos.)

Eh bien, ici on ne vous calomnie pas moins que moi-même; j'en appelle à vous contre ceux qui nous calomnient. Vous ai-je jamais flattés? (Non! non! — Bravos!) Vous ai-je jamais excités à la haine du gouvernement, au mépris, à l'injustice envers votre administration, dans laquelle je compte ici tant d'honorables amis? Quand le désordre menaçait, qui vous a recommandé l'ordre? Quand vous vouliez une guerre insensée et dangereuse, qui s'est hardiment prononcé pour la paix, au risque de sa popularité perdue? Oui, j'ai osé vous contredire; et c'est pourquoi je puis, aujourd'hui, être de votre avis sans que personne ait le droit de voir en moi un flatteur du peuple et un quêteur de popularité. (Acclamations unanimes. — Oui, oui! c'est vrai!)

Je sais bien qu'on dit : « L'opposition n'honore aujourd'hui M. de Lamartine que parce qu'il a fait à l'opposition la concession de son caractère et de ses principes ; c'est un nouveau converti à la liberté: on veut l'engager, l'encourager! » Mon Dieu, je lis, j'entends cela tous les jours : cela ne m'effleure pas seulement. Les pamphlets ne sont pas de l'histoire.

J'ai passé à l'opposition, dit-on? Messieurs, je n'accepte ni l'éloge, ni le blâme ainsi formulé. Ce n'est pas moi qui ai passé à l'opposition, c'est le gouvernement qui s'est écarté graduellement de la ligne où j'aurais été heureux de le suivre et de le soutenir en votre nom. Je n'ai pas changé de place, ce sont les choses qui en ont changé. Vous avez sous les yeux toutes les paroles que j'ai prononcées depuis huit ans que j'ai l'honneur de représenter mon pays. Confrontez-les avec ce que je dis aujourd'hui, avec ce que je dirai plus tard; et si quelqu'un, ici ou ailleurs, y trouve une seule contradiction, qu'il se lève et qu'il me méprise tout haut! Mais vous n'en trouverez pas. Je n'ai pas changé d'âme, comment aurais-je changé de paroles?

Une voix : On le sait bien ; on vous calomnie!

On dit aussi : Il veut s'imposer à l'opposition. Imputation absurde! Qui? moi? j'aurais la ridicule prétention de porter de l'intelligence au parti de Mirabeau? du libéralisme au parti de Lafayette et de

Foy? de la probité, de la constance, du talent, au parti de Dupont (de l'Eure), d'Arago, d'Odilon Barrot? Non; jamais une telle pensée ne m'a traversé seulement; je n'ai jamais eu d'autre prétention que de faire mon devoir avec l'opposition ou contre l'opposition. Que lui ai-je dit quand l'identité des principes entre elle et moi nous a ralliés sur le terrain commun des grandes vérités sociales? Je lui ai dit : « Ayez des idées et une volonté. Ne composez pas avec les idées contraires : la force d'un parti est dans ses idées. Il les faut entières. On ne gagne rien à les monnayer. La moitié d'une verité, ce n'est pas seulement une faiblesse; la moitié d'une vérité, c'est un mensonge! Une idée est l'âme d'un grand parti. Quand il l'abdique, il s'abdique lui-même. Combattez système contre système, et montrez au pays que vous n'êtes pas opposition seulement, mais que vous voulez être gouvernement. » (Acclamations prolongées.)

Quant à mes idées, à moi, les voici : J'ai prêté force dans les difficultés, comme vous, aux premiers grands actes de la monarchie de 1830. Le rétablissement de l'ordre et le maintien de la paix de l'Europe seront deux pages qu'aucun esprit de parti ne pourra déchirer de son histoire. Quant à moi, je rougirais de ne pas m'en souvenir. Quand on ne sait pas être juste, on n'a pas le droit d'être sévère. (Très-bien! très-bien!)

Mais tout n'était pas là, messieurs. Un gouvernement qui veut vivre, qui veut fonder quelque chose de durable et de grand, doit le faire à l'image de la nation qu'il organise et des idées qui animent cette nation. Eh bien, c'est là, selon moi, le tort unique du gouvernement de juillet. Il ne veut pas comprendre son œuvre. Ses institutions sont petites, ses institutions sont trop étroites pour que le peuple tout entier y rentre? Les institutions sont sur le modèle du passé, et non du présent. Eh bien, quelle est la pensée fondamentale de ce temps-ci et de l'avenir des peuples? Elle est d'un seul mot : Démocratie. Organiser la démocratie en gouvernement, voilà l'œuvre d'un pouvoir constituant qui aurait compris son époque. Organiser la nation en démocratie, voilà le problème qui poursuit tous les gouvernements, et qui renversera tous ceux qui se refuseront à le résoudre. (Bravos unanimes)

Vous pensez de même. Eh bien , puisque ce mot de démocratie revient si souvent dans notre langue politique, définissons-le bien, une fois pour toutes, afin qu'il n'y ait pas plus tard de confusion et de malentendu entre nous. Entendons-nous par démocratie ce gouvernement qui tombé de haut en bas, arraché aux classes qui, par leur loisir, leur elévation, leur fortune, ont le plus d'aptitude à se dévouer à la chose publique, pour le donner exclusivement, et, par un privilége renversé, aux classes les plus rapprochées du sol et les moins exercées aux pensées générales ? Eh non! sans doute. On nous calomnie en nous attribuant cette chimère; vous n'en voudriez pas vous-mêmes : ce serait de la démagogie, ce serait donner la puissance à ceux qui ne sauraient avoir ni les lumières pour la comprendre, ni le temps pour l'exercer. La société politique est ce qu'elle doit être : La tête sera toujours la tête : malheur à une nation qui se décapiterait! Ce que nous voulons, ce que nous entendons, c'est que la démocratie se compose de la tête, du corps et des membres, c'est-à-dire de toutes les forces de l'État : et de cette aristocratie des souvenirs, des noms, des illustrations qui décorent le sommet de la population, sans peser sur elle, qui a ses noms dans l'histoire, son sang dans nos batailles, et dont ce qu'on appelle la noblesse n'est que l'eclat très-legitime des grands services rendus au pays (De toutes parts : Très-bien! très-bien!) ; et de cette classe moyenne, active, intelligente, proprietaire, qui, par les industries, le commerce, l'agriculture, les travaux intellectuels, a tant conquis depuis cinquante ans, mais à qui pourtant nous ne laisserons pas tout usurper. (Non! non!)

Et enfin de cette classe innombrable de la population laborieuse, qu'on appelle les masses, d'où sortent vos soldats, vos ouvriers, vos travailleurs, et où vont se rajeunir et se retremper tour à tour, comme dans leur élément primitif, toutes les autres classes de la société, pour en ressortir de nouveau par une rotation éternelle, sans autre privilege que le travail, la probité, le talent.

En un mot, par démocratie, nous entendons nation, nation une, indivisible, complète! Le reste ne serait qu'une réaction momentanée et funeste, comme celle des premières années après 89; un deplacement du despotisme et non pas la liberté; le despotisme en bas au lieu d'être en haut. Nous n'en voulons ni en haut, ni en bas, ni au milieu. Le droit partout, la liberté pour tous, voilà pour nous la démocratie! voilà le peuple! (Nombreuses acclamations.)

Eh bien, savez-vous, selon moi, le tort des hommes qui dirigent, qui inspirent le gouvernement depuis sept à huit ans? c'est de ne pas croire à la possibilité de cette démocratie organisée. Ils disent: « C'est incompatible avec la monarchie. Ce « serait fonder sur les vagues de la mer. La démo- « cratie est un élément trop mobile, il faut le soli- « difier en le rétrécissant. Ce qu'il faut, avant tout, « c'est de la force à la monarchie. »

Eh! mon Dieu, messieurs, et nous aussi, nous voulons bien prêter force à la monarchie, à cette concentration de la force nationale dans une institution permanente et respectée, sommet des institutions. Mais entendons-nous : de quelle monarchie voulez-vous parler ? Est-ce d'une monarchie née d'un mouvement libéral et national un jour de victoire de la liberté dans Paris? d'une monarchie balancée un moment contre la république dans un hôtel de ville, face à face avec M. de Lafayette, l'homme de 91, et sortie, enfin, comme une transaction heureuse que nous avons tous acceptée entre des partis prêts à se déchirer, et peut-être à déchirer la France? (Sensation prolongée.)

Ou bien, est-ce d'une monarchie oubliant trop vite sa naissance et ses conditions toutes nationales, retirant peu à peu toutes ses promesses, se déplaçant par degrés de son principe pour passer sur un autre, absorbant tôt ou tard le droit national dans le droit dynastique, et se glissant, pour ainsi dire, de déviation en déviation, jusqu'à un trône absolu, à l'ombre duquel on laisserait encore jouer au pays une comédie de liberté représentative? (Bravos réitérés.)

Si c'est d'une pareille monarchie que vous entendez parler, elle ne reviendra jamais.

Une voix : Nous ne la souffrirons pas !

M. DE LAMARTINE, se tournant vers l'interrupteur. — Vous ne la souffrirez pas ? Ce mot prouve autant pour le libéralisme que pour l'intelligence de celui qui l'a prononcé ! Non, ce genre de monarchie ne pourra jamais s'enraciner de nouveau parmi nous. Vous le comprenez, vous! Mais quels sont donc les théoriciens assez insensés pour rêver encore, en France, la résurrection de monarchies de cette nature? Mais ils ont donc les yeux fermés à l'histoire!... Quoi! ils ne voient pas que la monarchie a subi dans le monde d'aussi profondes modifications que toutes les autres institutions! que toutes les bases sur lesquelles on peut fonder des monarchies ont été sondées, et qu'aucune n'a pu porter quinze ans un gouvernement! N'avez-vous pas vu la monarchie de droit divin s'engloutir en 89 dans un abîme qui a failli engloutir la France elle-même? N'avez-vous pas essayé de la monarchie militaire? où est-elle? au tombeau des Invalides, ensevelie dans sa gloire! des millions de baionnettes n'ont pu la porter. N'avez-vous pas essayé de la monarchie de transaction entre les deux principes, sous la restauration? elle a péri! je l'ai déploré moi-même! Je ne m'en cache pas, sa chute m'a ému. L'ébranlement de cette chute n'a certes pas raffermi le sol monarchique. Que vous reste-t-il donc? une seule monarchie possible. La monarchie de *raison* et de *nécessité*, telle que vous avez voulu la fonder en 1830; la monarchie, non pas enveloppée des mystères d'une métaphysique anglaise, cachant son origine dans le ciel, mais la monarchie en plein jour, examinée par tout le monde, consentie par tout le monde, appartenant à tout le monde, et ne représentant plus que deux choses utiles aux nations : l'unité d'action dans le gouvernement, et la perpétuité du signe du pouvoir dans la royauté ! Voilà tout, et c'est assez ! Et ce rôle est encore assez immense ! moins, c'est l'ancien regime ; plus, c'est la république ! (Très-bien ! très-bien !

Une voix : C'est là la monarchie que nous voulons !)

M. DE LAMARTINE. C'est cela que vous voulez ! mais est-ce bien cela que veulent ou semblent vouloir depuis sept à huit ans les conseillers du pouvoir ? Ils vous font peur de leur propre ouvrage. Ils vous font peur de vous-mêmes. Ils vous font peur de l'instabilité, des excès, des crimes même d'une démocratie organisée. Mais ont-ils refléchi à l'anachronisme de ces terreurs ? On se trompe sur les choses en se trompant sur les temps, messieurs ; la démocratie a été terrible, débordée, anarchique, coupable après 89 ! Mais ce n'était pas son règne, alors ; c'était son laborieux enfantement ! c'etaient les convulsions de sa naissance et de sa lutte avec l'agonie d'un ordre social qui luttait contre elle en s'ecroulant ! Quoi de semblable aujourd'hui ? Sans doute, si les mêmes circonstances se représentaient jamais, les passions de la démocratie seraient dangereuses ; bien loin de la soutenir et de l'encourager comme j'ose le faire, il y aurait à combattre et à mourir, peut-être, pour la contenir et la modérer. Ce sont là de ces temps redoutables où les hommes assez énergiques pour s'approcher de la passion populaire en sont consumés les premiers, et ne sauvent les sociétés qu'en se devouant pour elles ! Mais encore une fois, en est-on la? La démocratie a-t-elle quelque chose à conquérir en dehors de ce qui peut être conquis en ordre et par la voie des gouvernements réguliers ? Non ! elle n'a qu'à se régler : elle n'est plus, en France, à l'état d'ignorance, d'anarchie, de passion, encore moins de fureur. Elle est à l'etat de théorie et d'institutions. Ce temps-ci n'est plus le temps des tribuns et des démagogues, c'est le temps des hommes d'État ! (Bravos unanimes et prolongés. — M. de Lamartine se repose un instant.)

Mais, messieurs, allons au fond des choses, puisque vous voulez bien m'accorder une si longue et si obligeante attention. Levons tous les voiles qui nous cachent le sens intime des choses. Quelle est donc la pensée vraie, profonde, persévérante, j'oserai dire, la pensée sainte et divine de la démocratie et de la révolution française, puisque cette pensée, au fond, n'est qu'une émanation de l'idée chrétienne appliquée à la politique? Est-elle donc si coupable, cette pensée? — Si coupable ! eh ! c'est la pensée du christianisme ! Ce n'est pas autre chose que la tendance, que l'aspiration à l'unité ! la passion de l'unité ! l'unité du peuple avec lui-même, par la suppression des priviléges des castes, des préjugés même, qui nous divisaient ! (Bravo ! bravo !) l'unité des peuples avec son gouvernement ! La démocratie, c'est l'unité ! la révolution, c'est l'unité ! le vrai libéralisme, c'est l'unité ! la fusion des conditions, des castes, des professions, en une seule et compacte individualité nationale !

Voilà ce que veut la France, même à son insu ! Voilà ce que ses divers gouvernements s'obstinent, si malheureusement, à ne pas vouloir ! La démocratie veut unir, et le pouvoir veut diviser ! Il le veut par des pairies héréditaires, qui ne seraient, au fond, que des gouvernements par droit de naissance ! (Très-bien !) Il le veut par une élection restreinte à une véritable oligarchie électorale ! Il le veut, par ce qu'il appelle un pays légal en opposition avec un pays de trente millions de citoyens hors la loi élective. (Très-bien !) Il le veut, jusque dans une institution de conseillers privés qui s'interposeraient entre les corps élus et la couronne. (Très-bien ! très bien !) Il le veut, par les fortifications de Paris ! (Très-bien !) Il le veut, par une loi de régence qui dépossède la nation du droit inalienable de pourvoir à son salut dans les interrègnes ! (Très bien ! très-bien !) Il le veut, enfin, par l'isolement d'un trône qu'il veut faire porter sur la base étroite d'une aristocratie de gouvernement, au lieu de le poser, inébranlable, sur la base large d'un peuple organisé tout entier. (Vives acclamations!)

Oui, voilà partout les deux tendances contraires du peuple et du pouvoir. Et l'on s'étonne que l'opposition grossisse! Ah! ce qui m'étonne, moi, c'est que la nation tout entière ne soit pas déjà avec nous dans l'opposition!... (Nombreuses et vives adhésions. — L'orateur prend un moment de repos, descend dans la salle et cause quelques minutes avec ceux qui l'entourent.)

Pourtant, messieurs, n'était-ce pas une assez belle mission réservée par la Providence à la monarchie de 1830, que cette mission de fonder enfin l'unité de la nation et de son gouvernement? N'etait-ce pas là ce qui aurait imprimé un cachet, un caractère propre et grandiose à son établissement dynastique? Oui, cela aurait donné à cet etablissement un caractère qui ne l'aurait laissé confondre avec aucun autre, et j'ose dire que le sol était bien préparé pour cela. La féodalité a eu pour caractère et pour mérite la defense armee du territoire national; ces châteaux, dont vous voyez les ruines sur vos montagnes, n'etaient pas des nids de brigands ni des repaires de tyrannie, comme on vous l'a dit; c'étaient aussi les forteresses des provinces qui, plus tard, ont forme la France en s'unissant. (Très-bien!)

Louis le Gros nous prépara à la liberté nationale et politique par la liberté octroyée aux communes.

Louis XIV et Colbert nous donnèrent l'administration, cette action centralisée et uniforme de l'État, inconnue jusque-là. La révolution de 89 nous donna l'égalité, l'egalité raisonnable, l'egalité que nous voulons tous, l'égalité de noblesse et non de bassesse, l'égalité qui ennoblit tout le monde! Car la noblesse de tous, la noblesse du peuple, c'est la liberté! (Bravos!) Au gouvernement de 1830 etait réservé d'accomplir et d'organiser l'unité de la nation par la distribution large, equitable, des droits politiques dans des proportions réglées, avec toutes les garanties de solidarité et de moralité, à toutes les classes de citoyens qui forment le peuple en s'organisant.

Voilà, quant à moi, la pensée qui m'a animé depuis le premier jour où j'ai touché à la politique, et que je ne cesserai de poursuivre, tant que vous me continuerez ce concours dont je suis fier et dont je me sens fortifié dans ma faiblesse et dans mon isolement: accomplir, achever, cimenter l'unité de cette grande nation, et tendre ainsi à la grande unité des nations entre elles!...

Mais, me dit-on, vous pensez peut-être juste; mais vous êtes seul! seul au milieu de passions et d'intérêts plus forts que vous! — Je suis seul, messieurs? Et qui donc êtes-vous? (Longue sensation.) Et pourquoi donc ces nombreux citoyens, de toutes les classes de la population, qui remplissent ces tentes, à qui je suis personnellement ou indifférent ou inconnu, et qui ont bravé les intempéries de la journée pour venir sympathiser dans ces sentiments! Seul, messieurs? Ah! oui, on est seul quelques années souvent, quand on est avec la verité. Mais une force superieure, le temps, travaille à votre insu pour vous, et il vient un jour où, au lieu d'être multiplié par quelques groupes dans un parlement, vous êtes multiplié par tout un peuple! (Très-bien! très-bien! — L'orateur est obligé de s'interrompre)

Eh bien, puisque vous écoutez avec tant d'attention mes faibles paroles, j'irai plus loin, et je vais vous dire une chose que je n'avais pas le projet, en montant ici, de dire en public. (L'attention redouble.)

Nous sommes des hommes sérieux, messieurs, profondément attachés, tous ici, à notre patrie et à la conservation de son gouvernement; nous craignons les révolutions: nous avons raison, car toutes les révolutions ne sont pas des progrès. (Très-bien! très-bien!) Il y en a qui avancent, il y en a qui font reculer un peuple et qui retardent l'esprit humain. Pensons donc un moment tout haut.

Eh bien, ce que je ne me proposais pas de vous dire, le voici: C'est que la pensée démocratique, la pensée de l'unité des citoyens n'est pas seulement une pensée populaire, mais qu'elle est peut-être la seule pensée de salut pour le gouvernement.

Nous sommes au lendemain, messieurs, et qui sait? nous sommes peut-être à la veille de ces jours critiques où les nations ont besoin de toute leur énergie et de toute leur unanimité pour se préserver des révolutions. Dieu seul connaît le jour des crises, mais ce temps est plus gros que tout autre d'inévitables événements. Supposez, ce qui est certain, qu'à un moment (que Dieu veuille écarter le plus possible de nous) le pouvoir, qui ne pousse pas de racines, parce qu'il n'a pas su choisir son sol, soit tiraillé, ébranlé, menacé, déchiré par les crises d'une minorité orageuse que toutes les ambitions se disputeront; par une *fronde* nouvelle avec l'elément populaire de plus! Supposez que les puissances étrangères avec lesquelles on n'a pas su nous constituer une seule alliance! avec lesquelles nous ne sommes véritablement qu'en trêve! bien que dans ces derniers temps nos hommes d'État, je rougis de le dire, n'aient pas craint, eux, de faire faire deux fois le mort à ce grand peuple! (Sensation universelle.) Supposez, dis-je, que l'Europe veuille profiter de ces déchirements intérieurs pour regagner le terrain perdu par la monarchie en 1830; et que le choc du continent armé coïncide avec le choc des partis en France!... Vous réfléchissez! eh bien, je vous le demande, ne serait il pas trop heureux que l'union, entre nous tous, fût cimentée alors, et que le même esprit public vivifié, retrempé dans des intérêts, dans des droits communs, ralliât tous les citoyens contre les factions dedans, contre les ennemis dehors; et que le peuple, appelé aussi à exercer son intelligence et ses droits, connût d'avance à qui il peut se fier? quels sont ses défenseurs, ses guides, ses conseillers, ses chefs? quels sont ceux d'entre les citoyens qui nourrissent dans leur cœur le plus de ce feu sacré qui allume le grand patriotisme, et qui dévore les misérables coteries et les petites factions?

Oui, le salut n'est que là; il n'y a que les masses d'assez fortes pour écraser les partis! (Bravos.) Le temps des masses approche, et je m'en réjouis; mais il faut que leur avénement soit regulier pour être durable.

Eh bien, c'est ce qui me fait attacher tant de prix à ces réunions, à ces grandes revues de l'esprit public, passez-moi le mot, oui, à ces grandes revues de l'opinion, à ces communications publiques, où des hommes qui ont rarement l'occasion de se rencontrer dans la vie, se parlent, s'entendent, apprennent à s'estimer, où la main qui tient l'épee ou la plume serre la main qui tient l'outil ou la charrue; où les distances s'effacent, où les idées se rapprochent et se pénètrent comme les cœurs!

Ah! il est beau, il est nouveau de rassembler ainsi le peuple par si grande masse, non pas pour l'exciter contre ses pouvoirs, non pas pour caresser ses envies, ses passions, mais, au contraire, pour faire tomber entre nous les préjugés qui nous affaiblissent en nous divisant, pour... (Une voix : Oui, comme O'Connell en Irlande.)

M. de Lamartine. J'entends prononcer le nom d'O'Connell. Eh bien, non, messieurs, rien de commun heureusement entre O'Connell et nous, entre l'Irlande et la France.

Que voyons-nous, en effet? En ce moment, ce matin même, les journaux retentissent de ses éloquentes invocations à l'indépendance; nous voyons O'Connell, un orateur passionné, populaire, national, religieux, un tribun catholique du moyen âge, prendre le titre d'agitateur de sa nation; remuer, avec tous les souffles de la parole humaine, les passions bonnes ou mauvaises de la population, et soulever ces tempêtes d'où sort quelquefois la liberté, plus souvent la ruine et la servitude aggravée d'un peuple! (Sensation.)

Grâce à Dieu, et à vous, nous n'avons rien de semblable à faire en France! Il n'y a jamais besoin d'agiter un pays libre et qui est sûr de garder sa liberté. (Très-bien!) Au contraire, messieurs, il n'y a qu'à raffermir, qu'à apaiser, qu'à rallier l'esprit public et à lui rendre par son calme même le sentiment de sa force et de son autorité. L'esprit public, messieurs, c'est l'âme toute-puissante de l'opposition.

Elle lui suffira, mais il ne faut pas la laisser s'user dans l'indifférence.

Je lis dans vos yeux, je pénètre dans les pensées qui vous traversent. Vous dites : « Cela est « vrai. Mais dans cette lutte constante et à tou- « tes armes que se livrent les ministres et le pays, « et où l'on se dispute les combattants, le pouvoir « a de grands avantages sur les citoyens. N'a-t-il « pas les places, les faveurs, les honneurs, les situa- « tions, tout cet arsenal d'influences du gouverne- « ment, quelquefois licite, quelquefois coupable « quand il puise des armes pour atteindre la con- « science publique, et lorsqu'il se dégrade jusqu'à « la corruption. »

Oui, cela est vrai, messieurs ; mais si le pouvoir a la corruption, le peuple n'a-t-il pas, de son côté, une force qui suffit à elle seule, quand il sait la distribuer avec justice, pour contre-balancer tout le poids de ces influences illicites des gouvernants ? Oui, si le pouvoir a la corruption, le peuple a son estime ! L'estime du peuple, c'est la seule corruption des hommes désintéresses, c'est la seule qui soit digne à la fois de vous et de moi, c'est la seule pour laquelle j'espère avoir toujours le courage de vous servir et même de vous résister. (Bravos !)

Armée d'une pareille force d'esprit public, une nation peut toujours ce qu'elle veut. Nous ramènerons par les voies de la persuasion pacifique le gouvernement de 1850 à la ligne dans laquelle j'aurais désiré le voir marcher ; et s'il persistait à s'égarer, à faire divorce avec les tendances légitimes de la nation ; s'il s'obstinait à compromettre sous les fautes accumulées le vaisseau de l'État, la France ne s'obstinerait pas avec lui ! Napoléon est mort, messieurs ! de grandes dynasties ont passé... il n'a été donné à aucun homme, à aucun pouvoir d'emporter avec lui la fortune de la France. (Acclamations unanimes.)

Mais rassurons-nous encore une fois, ne précipitons rien, ne désespérons de rien dans nos pensées ; l'esprit public suffira à sauver à la fois le pays et son gouvernement ; il n'a besoin, pour cela, ni de séditions, ni d'agitations, ni de menaces. La seule sédition d'un peuple libre, quand son gouvernement s'égare, c'est de ne pas le suivre ; la seule menace, c'est de ne rien craindre. (Applaudissements prolongés.)

Messieurs, pour répondre au *toast*, à la fois si bienveillant et si politique qui vient de m'être porté par votre digne organe, M. Bouchard, permettez-moi de vous proposer, à mon tour, un toast qui résume à la fois toutes mes pensées, toutes les vôtres, toutes celles du pays ; j'oserai dire la pensee même de la Providence qui, après avoir gouverné si longtemps les peuples par les hommes, semble vouloir désormais les gouverner par les idées. (Très-bien ! très-bien !)

A l'accomplissement régulier et pacifique des destinées de la démocratie ! (Applaudissements unanimes et prolongés.)

CATALOGUE

DES

PUBLICATIONS POPULAIRES,

Historiques, Politiques, Philosophiques et Littéraires,

DE

PAGNERRE, ÉDITEUR,

RUE DE SEINE, 14 BIS.

(Février 1843.)

OUVRAGE TERMINÉ.

DICTIONNAIRE POLITIQUE,

Encyclopédie

DU LANGAGE ET DE LA SCIENCE POLITIQUES,

PAR UNE RÉUNION

de Deputés, de Publicistes et de Journalistes,

avec une introduction

PAR GARNIER-PAGÈS.

Un volume grand in-8 jésus vélin, de près de 1,000 pages à deux colonnes, contenant la matière de 12 volumes in-8 ordinaires, orné d'un portrait de GARNIER-PAGÈS sur Chine.

Prix : **20** francs.

NOUVELLE PUBLICATION : *Le Dictionnaire politique* est aussi publié en **40 livraisons.** Chaque livraison contient 24 pages ou 48 colonnes.—Il paraît une livraison tous les samedis.

Prix : **50** centimes la livraison.

Il y a des exemplaires elegamment et solidement reliés.

M. Cormenin.

DROIT ADMINISTRATIF,

5e édition, revue, augmentée,

ET PRÉCÉDÉE D'UNE INTRODUCTION.

2 forts volumes in-8 grand-raisin.

ÉTAT DE LA QUESTION. Pamphlet publié lors des élections générales de 1839. In-32. 50 c.

UN MOT sur le pamphlet de police intitulé : *La Liste civile dévoilée* (1837). In-32. 25 c.

CONCLUSUM sur la même question. 15 c.

LE MAITRE D'ÉCOLE, 16 pages in-32 vélin, avec deux jolies vignettes. 3 fr. le cent. L'ex. : 5 c.

MÉMOIRE SUR L'EMPOISONNEMENT PAR L'ARSENIC. In-octavo. 1 fr.

Timon.

QUESTIONS SCANDALEUSES D'UN JACOBIN, au sujet d'une Dotation; suivie de la *Réfutation du Rapport de M. Amilhau* (1840). 17e édition. In-32. 50 c.

DE LA CENTRALISATION (1842), un volume in-32, jésus vélin. 1 fr. 25

AVIS AUX CONTRIBUABLES. Juin 1842. In-32. 50 c.

2e AVIS AUX CONTRIBUABLES *ou* RÉPONSE AU MINISTRE DES FINANCES. In-32. 25 c.

Sous Presse :

DIALOGUES CAMPAGNARDS.

Timon.

LIVRE DES ORATEURS,

12e Édition

Contenant deux fois plus de matières que les éditions en petit format.

ILLUSTRÉE PAR 27 MAGNIFIQUES PORTRAITS,

peints d'après nature ou empruntés à nos grands maîtres,

ET GRAVÉS SUR ACIER PAR L'ÉLITE DE NOS ARTISTES.

1 vol. in-8 de 600 pages, imprimé avec luxe par SCHNEIDER et LANGRAND, sur papier grand jésus vélin glacé, des fabriques du *Marais* et d'*Essonne*. PRIX : 15 FRANCS.

Id.	épreuves sur Chine avant la lettre,		21 fr.	
Id.	*Id.*	*Id.* avec la lettre.	18	50
Id.	*Id.*	sur blanc avant la lettre.	18	50

NOUVELLE PUBLICATION. — *Le Livre des Orateurs* est aussi publié en 30 livraisons, contenant chacune 2 feuilles de de texte et un portrait, ou 3 et 4 feuilles de texte sans portrait; il paraît une livraison tous les samedis.

Prix : 50 c. la livraison.

75 *Id.* sur papier de Chine avant la lettre

Il y a des exemplaires élégamment et solidement reliés.

LISTE des VINGT-SEPT PORTRAITS.	NOMS des PEINTRES ET DES GRAVEURS.
Mirabeau, Danton, Napoléon Bonaparte, Manuel, De Serre, De Villèle, Foy, Martignac, Royer-Collard, Benjamin Constant, Guizot, Thiers, Berryer, Fitz-James, Casimir Perrier, Dupin aîné, Sauzet, Lamartine, Mauguin, Odilon-Barrot, Garnier-Pages, Lafayette, Laffitte, Arago, Jaubert, O'Connell, et celui de l'Auteur.	Ch. Blanc, Bosselmann, J. Caron, Calamatta, David (le peintre), David (le statuaire), P. Delaroche, Drolling, Gianni, Giroux, Goutière, Gros, Hersent, Janron, C, Jacquemin, Laderer, Marckl, Nargeot, Panier, Robertson, Rouillard, A. Scheffer, H, Scheffer, Vallot, H. Vernet, Walter-Halter, Wolf, Mesd. De Mirbel et De Montfort.

NOTA. Il a été tiré 50 exemplaires de chaque portrait sur format in-4° (27 centimètres sur 35) jésus papier de Chine avant la lettre et avec la lettre, épreuves d'artistes.

Prix avant la lettre.. 1 fr. 25
avec la lettre.. 1 fr. »

M. Lamennais.

ESQUISSE D'UNE PHILOSOPHIE:

3 beaux et forts vol. in-8.—22 fr. 50 c.

L'ouvrage est aussi publié en neuf livraisons à 2 fr. 50 c.

On peut retirer — par livraison — par volume — ou l'ouvrage entier.

DISCUSSIONS CRITIQUES ET PENSÉES DIVERSES SUR LA RELIGION ET LA PHILOSOPHIE (1841). 1 beau vol. in-8. 5 fr.

LE LIVRE DU PEUPLE. 1 joli vol. in-32, jésus vélin. 7e édition. 1 fr. 25 c.

Le même, nouvelle édition augmentée d'une préface, et imprimee avec luxe. 1 vol. in-8. 2 fr. 50 c.

PAROLES D'UN CROYANT. Nouvelle et très-jolie édition. 1 vol. in-32. 75 c.

Le même. 1 vol. in-8. 2 fr. 50 c.

AFFAIRES DE ROME. 3e édition. 2 vol. in-32. 2 fr. 50 c.

POLITIQUE A L'USAGE DU PEUPLE. 4e édition. 2 vol. in-32. 2 fr. 50 c.

DE L'ESCLAVAGE MODERNE. 4e édit. 1 vol. in-32. 75 c.

QUESTIONS POLITIQUES ET PHILOSOPHIQUES. 2 vol. in-32. 2 fr. 50 c.

DE LA RELIGION (1841). 1 vol. in-32. 1 fr. 25 c.

DU PASSÉ ET DE L'AVENIR DU PEUPLE (1841). 1 vol. in-32. 1 fr. 25 c.

SERVITUDE VOLONTAIRE. In-8. 1 fr. 50 c.

PROCÈS DE M. LAMENNAIS, à l'occasion de l'écrit intitulé : *le Pays et le Gouvernement.* Relation complete, REGNAULT. 1 vol. in-8. 1 fr.

Sous presse :

AMSCHASPANDS ET DARVANDS. 1 beau vol. in-8. 6 fr.

M. Louis Blanc.

RÉVOLUTION FRANÇAISE,

HISTOIRE DE 10 ANS,

1830—1840.

5 vol. in-8, publiés en 80 livraisons.

PRIX : 25 CENT. LA LIVRAISON. — 4 FR. LE VOLUME.

Les trois premiers volumes sont en vente.

M. Cabet.

HISTOIRE POPULAIRE

DE LA

REVOLUTION FRANÇAISE,

DE 1789 A 1830,

PRÉCÉDÉE D'UNE INTRODUCTION CONTENANT UN

PRÉCIS DE L'HISTOIRE DES FRANÇAIS,

depuis leur origine jusqu'aux états généraux.

NOUVELLE SOUSCRIPTION publiée en trente-six livraisons de 4 feuilles ou 64 pages chacune. — Il paraît une livraison tous les samedis.

PRIX : 50 C. LA LIVRAISON.

L'ouvrage forme 4 beaux vol. in-8 de plus de 500 pages imprimés avec soin sur très-beau papier.

4 FR. 50 C. LE VOL. — 18 FR. L'OUVRAGE COMPLET.

On peut retirer — par livraison — par volume — ou l'ouvrage entier.

RÉVOLUTION DE 1830 ET SITUATION PRÉSENTE, expliquées et éclairées par les révolutions de 1789, 1792, 1779 et 1804, et par la restauration. 2 vol. in-12. 1 fr. 75 c.

Le même. 1 beau vol. in-8, papier fin. 6 fr.

M. Altaroche.

CONTES, DIALOGUES ET MÉLANGES DÉMOCRATIQUES. 2e édition. 1 joli vol. in-32, jésus vélin. 1 fr. 25 c.

CHANSONS POLITIQUES (1835). 1 joli vol. in-18. 5 fr.

CHANSONS POLITIQUES (nouvelles). 2e édition. 1 joli vol. in-32, jésus vélin. 1 fr. 25 c.

LA RÉFORME ET LA RÉVOLUTION, Paraboles historiques (1841). 1 joli vol. in-32. 1 fr. 25 c.

M. Chapuys-Montlaville.

ÉTUDE SUR TIMON. 1 vol. in-32. 3e édition. 25 c.

MAZAGRAN, récit des journées des 3, 4, 5 et 6 février. 1 vol. in-32. 3e édition. 50 c.

RÉFORME ÉLECTORALE : LE PRINCIPE ET L'APPLICATION (1841). 1 vol. in-32. 1 fr. 25 c.

M. Auguste Luchet.

RÉCIT DE L'INAUGURATION DE LA STATUE DE GUTENBERG et des fêtes données à Strasbourg les 24, 25 et 26 juin 1840; par Aug. LUCHET, délégué par la Société des gens de lettres aux fêtes de l'Inauguration; orné d'une jolie vignette représentant la statue de GUTENBERG, par David (d'Angers). 1 vol. in-32. 1 fr. 25 c.

JUSTES FRAYEURS D'UN HABITANT DE LA BANLIEUE à propos des fortifications de Paris. 1 volume in-32. (1841.) 50 c.

M. V. Schœlcher.

DES COLONIES FRANÇAISES. Abolition immédiate de l'esclavage. 1 beau vol. in-8. (1842.) 6 fr.

COLONIES ÉTRANGÈRES ET HAITI, résultats de l'émancipation anglaise, etc. 2 vol. in 8. 12 fr.

ABOLITION DE L'ESCLAVAGE, examen critique du préjugé contre la couleur des Africains et des sang-mêlés, 1 vol. in-32 jésus vélin. (1840.) 1 fr. 25 c.

M. Charles Didier.

NATIONALITÉ FRANÇAISE (1841). 1 vol. in-32. 75 c.

J. Bentham.

CATÉCHISME DE LA RÉFORME ÉLECTORALE, précédé d'une lettre à TIMON sur l'état actuel de la démocratie en Angleterre; par M. ÉLIAS REGNAULT. 1 vol. in-32, orné du portrait de Bentham. 1 fr. 25 c.

SOPHISMES PARLEMENTAIRES, traduits de l'anglais et précédés d'une lettre à M. GARNIER-PAGÈS, sur l'*Esprit de nos Assemblées délibérantes*, par M. ÉLIAS REGNAULT. 1 beau vol. in-8. 5 fr.

Sous Presse.

TACTIQUES DES ASSEMBLÉES DÉLIBÉRANTES. 1 vol. in-8.

P.-J. Béranger.

OEUVRES COMPLÈTES DE P.-J. BÉRANGER. Nouvelle et très-jolie édition (1841). 3 vol. in-32, ornés d'un beau portrait. 3 fr. 50 c.

P.-L. Courier.

PAMPHLETS politiques et littéraires, avec la Notice de A. CARREL. 2 vol. in-32, jésus vélin. 2 fr. 50 c.

Sieyès.

QU'EST-CE QUE LE TIERS-ÉTAT? Brochure publiée en 1789, par SIEYÈS, précédée d'une introduction par M. CHAPUYS-MONTLAVILLE, député. 1 vol. in-32, orné du portrait de Sieyes. 1 fr. 25 c.

Général Pépé.

L'ITALIE POLITIQUE, avec une Introduction, par M. CH. DIDIER (1840). 1 vol. in-32. 2 fr.

Agricol Perdiguier.

LE LIVRE DU COMPAGNONNAGE, par A. PERDIGUIER, dit *Avignonais la Vertu*, compagnon menuisier. 2e édition considérablement augmentée. 2 vol. in-32. 2 fr. 50 c.

Ludwic Bœrne.

FRAGMENTS POLITIQUES ET LITTÉRAIRES, précédés d'une Note par M. CORMENIN et d'une Notice sur la vie et les écrits de BŒRNE. 1 fort vol. in-32 jésus vélin, orné du portrait de l'auteur. 1 fr. 50c.

Élias-Regnault.

HISTOIRE CRIMINELLE DU GOUVERNEMENT ANGLAIS, depuis les premiers massacres de l'Irlande jusqu'à l'empoisonnement des Chinois. 1 vol. in-8 de 500 pag. 4 fr

L'ouvrage est aussi publié en 16 livraisons à 25 centimes une, tous les samedis.

M. Eusèbe de Salle.

PÉRÉGRINATIONS EN ORIENT, ou Voyage pittoresque, historique et politique, en Égypte, Syrie, Palestine, Turquie, Grèce, etc., pendant les années 1837, 1838, 1839 et 1840. 2 forts vol. in-8. 15 fr.

M. Alexis Dumesnil.

HISTOIRE DE L'ESPRIT PUBLIC EN FRANCE depuis 1789, des causes de son altération et de sa décadence. 2e édition. 1 beau vol. in-8. 5 fr.

M. Courcelle-Seneuil.

LE CRÉDIT ET LA BANQUE, études sur les réformes à introduire dans l'organisation de la Banque de France et des Banques départementales, contenant un exposé de la constitution des Banques américaines, écossaises, anglaises. françaises. In-8. 2 fr.

Général Soltyk.

LA POLOGNE, Précis historique, politique et militaire de sa révolution, précédé d'une esquisse de l'histoire de la Pologne, depuis sa fondation jusqu'en 1830; par ROMAN SOLTYK, membre de la diète, général de brigade d'artillerie. 2 vol. in-8, accompagnés de 4 cartes et de 4 portraits. 16 fr.

Cet ouvrage est, jusqu'à ce jour, le plus exact et le plus complet qui ait été publié sur la révolution de Pologne.

Aristide Guilbert.

DE LA COLONISATION DU NORD DE L'AFRIQUE, nécessité d'une association nationale pour l'exploitation agricole et industrielle de l'Algerie. 2e édition, 1 vol. in-8. 7 fr. 50 c.

NÉMÉSIS; par BARTHÉLEMY. 2 beaux et forts vol. in-32. 3 fr.

ESSAI *sur les moyens d'extirper les préjugés des blancs* contre la couleur des africains et des sang-mêlés, ouvrage couronné par la Société française pour l'abolition de l'esclavage, par S. Linstant d'Haïti. 1 vol. in 8. 3 fr. 50

ÉMIGRATION A LA GUYANE ANGLAISE, par FÉLIX MILLEROUX. 1 vol. in-8°, orné de 3 cartes. 2 fr. 25 c.

M. de Lamartine.

DISCOURS prononcé à chambre des députés, le 27 janvier 1845, in-32, jésus vélin. 25 c.

M. H. Lalouel.

LES ORATEURS DE LA GRANDE-BRETAGNE, depuis Charles Ier jusqu'à nos jours (1841), précédés d'une lettre de M. DE CORMENIN. 2 vol. in-8. 15 fr.

Miss Martineau.

VOYAGE AUX ÉTATS-UNIS, ou *Tableau de la société américaine*, comprenant : institutions politiques, gouvernement, administration, budget, douanes, propriété, esclavage, commerce, industrie, manufacture, salaire, voies de communication, mœurs, habitudes, religion, etc., etc.; par miss MARTINEAU; traduit de l'anglais par M. BENJAMIN LAROCHE. 2 forts vol. in-8. 5 fr.

M. Armand Marrast.

VINGT JOURS DE SECRET, ou le Complot d'avril. 1 vol. in-8. 75 c.

PARIS RÉVOLUTIONNAIRE.

Par MM. Altaroche, Arago, Cavaignac, Cormenin, F. Degeorge Fontan, Hauréau, Laponneraye, A. Luchet, A. Marrast, F. Pyat, Raspail, Trélat, etc., etc., *nouvelle publication*. 4 beaux et forts vol. in-8. — L'ouvrage complet. 12 fr.

BIOGRAPHIES.

BIOGRAPHIE DES DÉPUTÉS (Chambre dissoute avec une 2e partie contenant les principaux votes de chaque deputés). 2 vol. in-32. 2 fr. 50 c.

Le *Supplément* se vend séparément. 50 c.

BIOGRAPHIE DES DÉPUTÉS (session de 1831). 1 volume in-8. 2 fr. 50 c.

COMPTES RENDUS DES SESSIONS LÉGISLATIVES, publiés par la Société *Aide-toi, le Ciel t'aidera*. — Sessions de 1832, 1833 et 1834. — 3 vol. in-8. 7 fr. 50 c.

Chaque volume se vend séparément 2 fr. 50 c.

Collection de Procès politiques,

DEPUIS LA RÉVOLUTION DE 1830.

15 VOL. IN-8 : 30 FR.

Les procès suivants se vendent séparément :

PROCÈS DES ACCUSÉS D'AVRIL devant la Cour des Pairs. — PROCES DU RÉFORMATEUR devant la Chambre des Deputés. — PROCÉS DES DÉFENSEURS DES ACCUSES D'AVRIL devant la Chambre des Pairs. 5 vol. in-8. 10 fr.

Cette publication est la seule qui présente la réunion complète de tous les actes, documents et faits relatifs au procès d'avril.

— DE FIESCHI devant la Cour des Pairs. 3 beaux vol. in-8, avec un plan de la Chambre des Pairs. 6 fr.

— DES ACCUSÉS DU COMPLOT DE NEUILLY devant la Cour d'assises. 1 vol. in-8. 1 fr. 50 c.

— DES DIX-NEUF PATRIOTES (ou des Artilleurs). 1831. In-8. 2 fr. 50 c.

— ET PRISON. — Impression de Sainte-Pélagie, par M. DAVID DE THIAIS. In-8. 1 fr.

— DU DROIT D'ASSOCIATION (ou de la *Société des Amis du Peuple*). In-8. 75 c.

— DE M. CABET (1834). 50 c.

— DU PROPAGATEUR DU PAS-DE-CALAIS. 25 c.

— DU PATRIOTE DE LA COTE-D'OR. 25 c.

— DE LA TRIBUNE (81e et 82e); condamnation à 22,000 fr. d'amende, cinq ans de prison. In-8. 10 c.

— DE VIGNERTE. 20 pages in-8. 15 c.

— DES VINGT-SEPT. *Raspail*, *Kersausie*, etc. In-8. 15 c.

PROCÈS DU PATRIOTE DE L'ALLIER; discours d'*Achille Roche* et *Trélat*. In-12. 10 c.

— **DE DELENTE** (ou des crieurs publics). In-8. 10 c.

— **DE LA GLANEUSE**. In-8. 5 c.

— **ET ACQUITTEMENT DU NATIONAL** (affaire de l'ordonnance sur l'avancement); plaidoirie de Me *Michel (de Bourges)*. In-8. 50 c.

— **DE HUBER ET DE SES COACCUSÉS**. 1 vol. in-8. 1 fr.

— **DE LAITY** devant la Cour des Pairs; plaidoirie de Me *Michel*. 1 vol. in-8. 1 fr.

— **DE M. GISQUET** contre le *Messager* (*affaire des omnibus*). 1 vol. in-8. 1 fr. 25 c.

— **DES ACCUSÉS DES 12 ET 13 MAI**. PREMIÈRE CATÉGORIE. *Barbès* et autres. 1 vol. in-8. 2 fr. 75 c.

Idem. DEUXIÈME CATÉGORIE. *Blanqui* et autres. 50 c.

— **DE M. F. LAMENNAIS**. Relation complète contenant les faits préliminaires, le réquisitoire, tous les passages incriminés, les plaidoiries, la déclaration de M. F. Lamennais, l'opinion des journaux, etc., suivi d'une Notice biographique et littéraire sur M. Lamennais, par ELIAS REGNAULT. 1 vol. 1 fr.

— **DE NAPOLÉON-LOUIS BONAPARTE** devant la Cour des Pairs. 1 vol. in-8. 2 fr. 25 c.

— **DE DARMÈS** devant la Cour des Pairs. 1 vol. in-8. 75 c.

LETTRE D'UN DÉFENSEUR AUX ACCUSÉS D'AVRIL; par M. SAINT-ROMME. 25 c.

DISCOURS DE LAGRANGE devant la Cour des Pairs. In-8. 10 c.

DISCOURS DE TRÉLAT devant la Cour des Pairs. In-8. 10 c.

PROCES DE MADAME LAFARGE. Sur la Relation complete des affaires du vol des diamants et d'empoisonnement. 2e édition. 1 fort vol. in-8. 4 fr. 25 c.

Contenant les débats devant toutes les juridictions.

BIBLIOTHÈQUE

POLITIQUE ET PHILOSOPHIQUE,

collection de jolis volumes in-32,

IMPRIMÉS AVEC LUXE

sur papier grand jésus vélin.

Chaque ouvrage se vend séparément.

LAMENNAIS.—PAROLES D'UN CROYANT. 1 vol. 75 c. — LIVRE DU PEUPLE. 1 vol. 1 fr. 25 c. — AFFAIRES DE ROME. 2 vol. 2 fr. 50 c. — POLITIQUE A L'USAGE DU PEUPLE. 2 vol. 2 fr. 50 c. — DE L'ESCLAVAGE MODERNE. 1 vol. 75 c. — QUESTIONS POLITIQUES ET PHILOSOPHIQUES. 2 vol. 2 fr. 50 c. — DE LA RELIGION. 1 vol. 1 fr. 25 c. — DU PASSÉ ET DE L'AVENIR DU PEUPLE. 1 vol. 1 fr. 25 c. — Ensemble 11 vol. 12 fr. 75.

CORMENIN. — UN MOT sur le pamphlet de police intitulé la *Liste civile dévoilée*. 25 c. — CONCLUSION sur la même question 15 c. — ÉTAT DE LA QUESTION (1839). 50 c. — MAÎTRE D'ÉCOLE. 5 c.

TIMON. — QUESTIONS SCANDALEUSES D'UN JACOBIN au sujet d'une dotation (1840). 50 c.—TRÈS-HUMBLES REMONTRANCES DE TIMON au sujet de la loi des Lapins. 2 fr. — DE LA CENTRALISATION 1 fr. 25 c. — AVIS AUX CONTRIBUABLES. In-32. 50 c. — 2e AVIS AUX CONTRIBUABLES. 25 c.

J. BENTHAM. — CATECHISME DE LA RÉFORME ÉLECTORALE, traduit par M. Élias Regnault. 1 vol. 1 fr. 25 c.

SIEYÈS. — QU'EST-CE QUE LE TIERS-ÉTAT? 1 vol. 1 fr. 25 c.

P.-L. COURIER. — PAMPHLETS POLITIQUES ET LITTÉRAIRES, avec une Notice d'Armand Carrel. 2 vol. 2 fr. 50 .

P.-J. BÉRANGER. — ŒUVRES COMPLÈTES. 3 vol. 3 fr. 50 c.

CHAPUYS-MONTLAVILLE. — Etudes sur Timon. 1 vol. 25 c. — Mazagran. 1 vol. 50 c. — Reforme electorale : le principe et l'application. 1 vol. 1 fr. 25 c.

ALTAROCHE. — Contes démocratiques. 1 vol. 1 fr. 25 c. — Chansons politiques. 1 vol. 1 fr. 25 c. — La Réforme et la Revolution, paraboles historiques. 1 vol. 1 fr. 25 c.

V. SCHOELCHER. — Abolition de l'esclavage. 1 volume. 1 fr. 25 c.

A. LUCHET. — Récit de l'inauguration de la statue de Gutenberg. 1 vol. 1 fr. 25 c. — Fortifications de Paris, Justes frayeurs d'un habitant de la banlieue. 50 c.

GÉNÉRAL PÉPÉ. — L'Italie politique. 1 vol. 2 fr.

CHARLES DIDIER. — Nationalite française. 1 vol. 75 c.

LOUIS BLANC. — Organisation du travail. 1 vol. 50 c.

LUDWIC BOERNE, fragments politiques et littéraires. 1 fort vol. 1 fr. 50 c.

AGRICOL PERDIGUIER. — Le Livre du Compagnonnage. 2e édition augmentée. 2 vol. 2 fr. 50 c.

BIOGRAPHIE DES DÉPUTÉS (Chambre dissoute). 2 vol. 2 fr. 50 c.

E. DUCLERC. — Droit public : de la regence. 1 volume. 1 fr. 25 c.

E. A. SEGRETAIN. — Exposition raisonnee de la doctrine philosophique de M. Lamennais. 1 vol 1 fr. 25 c.

A. DE LAMARTINE. Discours à la chambre des députés, le 27 janvier 1843. 25 c.

DIALOGUE SUR LES CAISSES D'ÉPARGNE; par M. Cormenin, député. 8 pages in-8. 5 c.

LES CAISSES D'ÉPARGNE; par M. de Lamartine, député. 8 pages in-8. 5 c.

Plusieurs caisses d'épargne des départements, qui ont fait distribuer un grand nombre de ces écrits populaires, en ont obtenu d'excellents résultats.

PRIX POUR LES CAISSES D'EPARGNE :

1,000 exemplaires des deux écrits, 500 de chaque, 25 fr. — 2,000, 48 fr. — 3,000, 70 fr. — 5,000, 110 fr. — Et 10,000, 200 fr.

On peut demander indistinctement l'un ou l'autre écrit.

ALMANACHS-LIÉGEOIS.

14e ANNÉE.

Ces almanachs sont publiés chaque année, ils paraissent en septembre.

LE TRIPLE LIÉGEOIS contenant 100,000 LETTRES DE PLUS que les plus gros almanachs. Imprimé sur du papier très-fort, quoique blanc. Orné d'un grand nombre de jolies vignettes. Prix : 20 fr. le cent.

LE NOUVEAU DOUBLE LIÉGEOIS. 15 fr. le cent.

LE DOUBLE ALMANACH FRANÇAIS, ou le Nouveau Nostradamus. 12 fr. 50 le cent.

LE VILLAGEOIS, almanach de l'agriculture et des campagnes. 10 fr. le cent.

LE PETIT LIÉGEOIS. 7 fr. le cent

LE VÉRITABLE UNIVERSEL, très-gros vol., contenant 300 pages. 25 fr. le cent.

LE GRAND ASTROLOGUE UNIVERSEL, ou le véritable Triple Liégeois journalier; par MATHIEU LAENSBERG. 25 cahiers. Le cent, 25 fr.

LE VÉRIDIQUE, almanach sans pareil. 25 cahiers. Le cent, 25 fr.

SOUVENIRS D'UN GRAND HOMME, almanach journalier, 25 cahiers. Le cent, 25 fr.

LE VÉRITABLE NOSTRADAMUS, almanach journalier. 25 cahiers. Le cent, 25 fr.

LE VÉRITABLE DOUBLE LIÉGEOIS, almanach journalier. 21 cahiers. Le cent, 20 fr.

Le même de 17 cahiers. Le cent, 15 fr.

Le même, de 14 cahiers. Le cent, 12 fr. 50 c.

Le même, de 11 cahiers. Le cent, 10 fr.

Le même, de 5 cahiers. Le cent, 5 fr.

NOTA. Ces ALMANACHS-LIEGEOIS ornés d'un grand nombre de jolies vignettes gravées exprès pour les récits, anecdotes et nouvelles qu'ils renferment chaque année, sont imprimés avec soin sur un papier *à la forme* très-fort et très-blanc. Ils sont plus gros et contiennent plus de pages que les almanachs publiés à Rouen, qui sont imprimés sur du papier dit *mécanique* et qui se vendent plus cher.

Une correspondance active et suivie avec tous les départements nous a permis d'établir avec une grande exactitude le TABLEAU DES FOIRES.

ALMANACH POPULAIRE
DE LA FRANCE
POUR 1845

par des Députés, des Membres de l'Institut, des Magistrats, des Journalistes, etc.;

10e ANNÉE.

1 volume de 144 pages,

Illustré d'un grand nombre de jolies vignettes

Prix : 50 c.

HISTOIRE PITTORESQUE DE LA FRANC-MAÇONNERIE

ET DES SOCIÉTÉS SECRÈTES.

Contenant le tableau de l'organisation, des établissements, des travaux, des cérémonies, des mystères, des symboles de la franc-maçonnerie, et l'histoire générale et anecdotique de toutes les associations secrètes anciennes et modernes.

Par F.-T.-B. Clavel, maître en tous grades.

Un beau volume in-8°, illustré par 25 jolies gravures sur acier, dessinées et gravées par MM. Seigneurgens, Beaucé, Louis Marvy, Monin, Compagnon, etc, et publié en 25 livraisons à 50 centimes.

Cinq livraisons sont en vente.

NOTES ÉCONOMIQUES *sur l'administration des Richesses et la statistique agricole de la France*, où sont traites dans leurs plus grands détails, et du point de vue le plus élevé, toutes les questions d'économie politique, industrielle et agricole : sucres, vins, soieries, bestiaux, laines, biens communaux, etc, etc.; par M C. L. ROYER, d.-m.-p., directeur du *Moniteur de la Propriété et de l'Agriculture*, membre correspondant des sociétés d'agriculture de Paris, Moulin, etc. 1 fort vol. in 8 grand raisin, avec beaucoup de tableaux et un atlas grand in-folio jésus, de seize tableaux. 12 fr.

Imp. SCHNEIDER et LANGRAND, rue d'Erfurth, 1.

www.ingramcontent.com/pod-product-compliance
Ingram Content Group UK Ltd.
Pitfield, Milton Keynes, MK11 3LW, UK
UKHW020410220726
13923UKWH00004B/1866